Janina Diamanti

Das Motiv des Erzählens in den Romanen "Johannis-nacht", "Die Entdeckung der Currywurst" und "Kopfjä-ger" von Uwe Timm

GRIN Verlag

Bibliografische Information der Deutschen Nationalbibliothek:

Die Deutsche Bibliothek verzeichnet diese Publikation in der Deutschen National-
bibliografie; detaillierte bibliografische Daten sind im Internet über http://dnb.d-
nb.de/ abrufbar.

Impressum:

Copyright © 2008 GRIN Verlag GmbH
Druck und Bindung: Books on Demand GmbH, Norderstedt Germany
ISBN: 978-3-656-49173-6

Dieses Buch bei GRIN:

http://www.grin.com/de/e-book/232476/das-motiv-des-erzaehlens-in-den-romanen-
johannisnacht-die-entdeckung

GRIN - Your knowledge has value

Der GRIN Verlag publiziert seit 1998 wissenschaftliche Arbeiten von Studenten, Hochschullehrern und anderen Akademikern als eBook und gedrucktes Buch. Die Verlagswebsite www.grin.com ist die ideale Plattform zur Veröffentlichung von Hausarbeiten, Abschlussarbeiten, wissenschaftlichen Aufsätzen, Dissertationen und Fachbüchern.

Besuchen Sie uns im Internet:

http://www.grin.com/

http://www.facebook.com/grincom

http://www.twitter.com/grin_com

Das Motiv des Erzählens in den Romanen *Johannisnacht, Die Entdeckung der Currywurst* und *Kopfjäger* von Uwe Timm

Wissenschaftliche Hausarbeit
Zur Erlangung des akademischen Grades
Bachelor of Arts (B.A.)
der Universität Hamburg

vorgelegt von

Janina Diamanti

Hamburg, 2008

Inhaltsverzeichnis

Einleitung

Das Werk der Hamburger Schriftstellers Uwe Timm ist mit diversen Romane zu den unterschiedlichsten Themen, von Kinderbüchern über die Ost-West-Problematik und den 2. Weltkrieg hin zur 86-Bewegung, breit und vielfältig angelegt. Doch gibt es viele sich wiederholende Motive, von denen eines besonders hervorsticht: Das Motiv des Erzählens. In Uwe Timms Romanen spielt das Erzählen eine zentrale Rolle. So wird das Romanschreiben thematisiert, Figuren erzählen und lassen sich erzählen, es wird um Geld und Liebe erzählt. Immer wieder taucht eine Szene auf, die auch als „Urszene" beschrieben wird: das Zusammensitzen in der Küche und Geschichtenerzählen (vgl. Steinecke 2005: 253)

Uwe Timm ist ein so genannter „Schriftsteller der mittleren Generation", d.h. er gehört einer Gruppe von Schriftstellern an, die auf die Generation folgte, die direkte Zeitzeugen des 2. Weltkrieges waren und ihre Erfahrungen literarisch verarbeitet haben. Uwe Timm und seine Zeitgenossen folgten auf Schriftsteller, die Teil dieser prägenden Erlebnisse waren und hatten mit dem daraus resultierenden Vorwurf, nichts Neues schreiben zu können, zu kämpfen. Das historische Ereignis, das Uwe Timms Leben und seine Schriftstellergeneration prägte, war die Studentenbewegung und der damit verbundene Aufstand gegen die Vätergeneration, der gleichzeitig ein Aufstand gegen die Generation der Nachkriegsschriftsteller war (vgl. Durzak 1995). Timm ist somit mit seinem ersten Roman *Heißer Sommer* berühmt geworden, in dem es um die 68er-Bewegung geht und hat andere Werke zu diesem Thema verfasst. Die Thematik der Studentenbewegung macht einen Großteil der Diskussion um Uwe Timm aus. Doch hat er gleichzeitig mit seiner Poetik-Vorlesung, die er im Wintersemester 1991/92 an der Universität Paderborn gehalten hat und die in dem Buch *Erzählen und kein Ende*[1] festgehalten ist, viel Raum für eine Diskussion und Forschung um sein Erzählmodell geboten. Viele der Erkenntnisse, die Uwe Timm in *Erzählen und kein Ende* gewinnt, sind auf seine Werke anzuwenden und lassen interessante Rückschlüsse zu. Dies soll in der vorliegenden Arbeit getan werden.

Das Motiv des Erzählens, also die Frage, wie Uwe Timm erzählt, wie er seine Figuren erzählen lässt, in welchen Formen Erzählungen auftreten und welchen

---

[1] Timm, Uwe: Erzählen und kein Ende. Köln: Kiepenheuer & Witsch, 1993; im Folgenden zitiert unter EE, alle Seitenangaben im laufenden Text beziehen sich auf diese Ausgabe

Zweck sie erfüllen, soll anhand von drei Romanen beispielhaft untersucht werden. In den Romanen *Die Entdeckung der Currywurst, Johannisnacht* und *Kopfjäger* steht das Erzählen jeweils im Zentrum, das Motiv ist jedoch in jedem Roman unterschiedlich inszeniert und bietet andere Analyseansätze. So eignen sich diese drei Werke besonders, um einen Überblick über die Verwendung des Erzählmotivs zu gewinnen.

Um die Romane in Hinblick auf die Thematik zu analysieren, soll zudem die Poetik-Vorlesung Uwe Timms, in die Überlegungen eingebracht werden. In *Erzählen und kein Ende* stellt Uwe Timm seine Poetik dar und entwickelt u.a. Begrifflichkeiten für Phänomene, die in seinem Werk eine Rolle spielen. Zentral ist dabei die Thematik des Alltagserzählen im Gegensatz zum literarischen Erzählen, das in Kapitel 1. anhand *Die Entdeckung der Currywurst* beleuchtet wird, sowie der Topos des „wunderbaren Konjunktivs", der in 2. anhand von *Kopfjäger* und *Die Entdeckung der Currywurst* behandelt werden soll. In einem dritten Kapitel soll dann in Bezug auf alle drei Romane das Thema der „Macht des Erzählens" aufgreifen: wie wird das Erzählen von den einzelnen Figuren in den jeweiligen Romane benutzt, wie wird es von den anderen verstanden? Was kann mit Erzählen bewegt werden? In einem vierten Punkt schließlich werden die Selbstreferenz und die Art, wie das Erzählen in den Romanen thematisiert wird, behandelt.

Erzählen und kein Ende umfasst weitere Punkte, die auf andere Romane von Timm übertragbar sind und Analyseansätze liefern. Aufgrund des Umfangs der vorliegenden Arbeit soll sich die Untersuchung allerdings auf die drei ausgewählten Romane sowie die ausgewählten Analysepunkte begrenzt werden, um diese vollständig und ausführlich behandeln zu können.

In einem letzten Punkt sollen dann die Analyse-Ergebnisse zusammengetragen werden, um zu einer Antwort auf die oben genannten Fragen zu kommen.

Die Analyse soll von der Erzähltheorie Schmids begleitet werden, die den erzähltheoretischen Hintergrund gibt, sofern er benötigt wird. Timms Poetik ist stark auf sein eigenes Schreiben und seinen Umgang und Erfahrungen mit Literatur gerichtet. Für ihn ist das Schreiben etwas *„lustvolles"* (vgl. EE, S. 14) und wenig auf literaturtheoretische Ansätze ausgerichtet. Dennoch ist eine Analyse ohne bestimmte Begrifflichkeiten nicht möglich und zugleich bietet der scheinbare Gegensatz von Literaturtheorie und Timms Poetik einige interessante Ansätze zur Analyse. Der Fokus soll allerdings auf der Arbeit direkt mit dem Text liegen.

Das Ziel dieser Arbeit soll also sein, das Motiv des Erzählens anhand der drei ausgewählten Romane und Uwe Timms Poetik zu analysieren und die Bedeutung und Funktion zu untersuchen.

1. Alltagserzählungen und literarisches Erzählen

1.1. Abgrenzung von literarischem und alltäglichem Erzählen durch Timm

In *Erzählen und kein Ende* grenzt Uwe Timm Alltagserzählungen vom literarischen Erzählen ab. Als entscheidendes Kriterium gilt für ihn, dass Alltagsgeschichten unbedingt notwenig sind, sie sind *„das Ferment des Zusammenlebens"* (EE, S. 107) und unabdingbar in zwischenmenschlichen Beziehungen. Schreiben, auf der anderen Seite, und auch das Lesen literarischer Geschichten, ist freiwillig. Während man im Alltag unvermeidlich erzählt und Geschichten erzählt bekommt, ist das Aufschreiben von Geschichten und Lesen derselben ein rein freiwilliger Akt und nicht notwendig. Uwe Timm bezeichnet Literatur daher als *„den schönen Überfluss"* (EE, S. 107).

Weiter dient laut Timm das Erzählen im Alltag dazu, sich über sich selbst Klarheit zu verschaffen. Erzählend reflektiert man das erzählte Ereignis, seiner eigenen Taten und Gefühle und setzt sich gleichzeitig mit seiner eigenen Wahrnehmung auseinander. Erzählen ist somit auch eine Orientierung, nicht nur in der Zeit und der eigenen Biografie, sondern auch in dem Umgang mit anderen, zu denen man eben durch das Erzählen und Hören von Geschichten Beziehungen entwickelt und Verständnis aufbringen kann.

Was die von Alltagsgeschichten gespeisten literarischen Erzählungen von den alltäglichen unterscheidet ist zunächst natürlich die Form. Sie erscheinen schriftlich. Mit dem Verschriftlichen einer Geschichte geht ein Prozess des Ordnens einher, der in der Alltagserzählung nicht gegeben ist. Literarische Erzählungen sind strukturiert und in ihrer Struktur auf Bedeutung ausgerichtet. Sie haben einen Anfang und einen Schluss, die jeweils aufeinander verweisen und der Geschichte somit einen roten Faden geben. In dem Prozess des Ordnens und Strukturierens werden gleichzeitig neue Ansätze der Wahrnehmung möglich und dem Erzählten kann somit neue Bedeutung gegeben werden.

Dies geschieht außerdem durch den Umgang mit Sprache. Während der Umgang mit Sprache im Alltag spielerisch ist, ist er in der Literatur experimentell, bedingt durch das Bewusstseins des Autors der Distanz: nicht nur der Distanz zum Geschehen, die er als beobachtendes Subjekt einnimmt, sondern auch die Distanz zur Sprache, die im literarischen Schreiben anders als beim Sprechen nicht als selbstverständlich benutzt, sondern bewusst geformt eingesetzt wird. *Die Entdeckung der Currywurst* ist ein Roman Timms, in dem sich die Dialektik des alltäglichen und literarischen Erzählens, sowie die Transformation einer Alltagserzählung in einen Roman, thematisiert werden. Dies soll im folgenden Abschnitt behandelt werden.

1.2. Literarisches und alltägliches Erzählen in *Die Entdeckung der Currywurst*

Die Entdeckung der Currywurst, 2000 erschienen, erzählt die Geschichte Lena Brückers, die während des zweiten Weltkrieges einen fahnenflüchtigen Soldaten bei sich versteckt und ihn, als der Krieg zu Ende geht, bei sich hält, indem sie ihm das Ende des Krieges verschweigt.

Der Roman bietet in seiner Erzählstruktur einen Ansatz, der literarisches und alltägliches Erzählen miteinander verbindet. In dem Erzähler und Lena Brücker finden sich jeweils Ansätze der Konzepte des literarischen und alltäglichen Erzählens. Im Folgenden gilt es, dieses herauszuarbeiten und dabei das Erzählen, so wie es in *Die Entdeckung der Currywurst* eine Rolle spielt, zu untersuchen.

Die Entdeckung der Currywurst ist auf zwei Ebenen erzählt. Den Rahmen bildet hierbei die Geschichte des Erzählers, der Lena Brücker im Altersheim besucht, ihre

Geschichte hört und verschriftlicht. Die sekundäre[2] Ebene, also die Binnengeschichte, bildet die Geschichte, die Lena Brücker erzählt.

Zunächst soll die Position des Erzählers genauer betrachtet werden. Der Ausgangspunkt seines Erzählens zeigt sich im Titel des Romans. Mit der Prämisse, etwas über die Entdeckung der Currywurst zu erfahren, wendet der Erzähler sich an Frau Brücker – bekommt dann aber eine andere, längere und komplexere Geschichte zu hören, die zwar auf die Entdeckung der Currywurst und somit auf die Beantwortung der Frage des Erzählers hinausläuft, jedoch mehr die persönliche Geschichte Frau Brückers ist. Hierzu heißt es bei Galli (Galli 2006: 104)

> Timm operiert mit einer kohärenten Dialektik zwischen dem Erzähler-Ich, das Lena Brücker auffindet und sie bittet, nur zu einem bestimmten Ereignis [...] Zeugnis abzulegen, und der Zeugin, die nicht bereit ist, sich auf diese Rolle zu beschränken und den Interviewer buchstäblich „zwingt", einer mehr komplexen, umständlichen Erzählung Gehör zu verschaffen.

Zwar lenkt der Erzähler Frau Brücker und versucht an mehreren Stellen, sie in die richtige Richtung zu bewegen: "Hatten Sie denn Curry in der Kantine? fragte ich, um sie wieder auf die Spur zu bringen" (CW[3], S. 51), oder: "Ich versuchte, sie auf den Curry zurückzubringen" (CW, S. 81), dennoch lässt er sich auf ihre, auf die ganze Geschichte ein und es ist schließlich auch diese Geschichte, die der Leser präsentiert bekommt. Die Prämisse, lediglich den Ursprung der Currywurst herauszufinden, verschwindet also nicht ganz, wird aber durch die Erzählung von Frau Brücker in den Hintergrund gedrängt und findet seinen Platz erst am Ende des Romans.

Der Erzähler fungiert als „Überbringer" der Geschichte. Frau Brücker erzählt sie ihm, er verschriftlicht sie und macht sie damit ‚lesbar', d.h.: er muss „auswählen, begradigen, verknüpfen und kürzen" (CW, S. 16). Er tut also das, was laut Timm die literarische Erzählung zu einem Teil ausmacht: er schafft Ordnung und strukturiert. Den beiden Erzählern – Frau Brücker, die dem Erzähler erzählt und der Erzähler, der

---

[2] Zurückgegriffen wird hier auf die Begrifflichkeiten Schmids, der primäre, sekundäre und tertiäre Erzählebenen unterscheidet, wobei die primäre Ebene den Rahmen bildet und die sekundäre Ebene die „zitierte Welt", also die Binnengeschichte ist (vgl. Schmid 2005: 83)

[3] Timm, Uwe: Die Entdeckung der Currywurst [1995]. Vom Autor neu durchgesehene Ausgabe. München: Deutscher Taschenbuchverlag 2007; im Folgenden zitiert unter CW, alle Seitenangaben im laufenden Text beziehen sich auf diese Ausgabe

wiederum dem Leser erzählt – sind also jeweils dem Phänomen Alltags- und literarischer Erzählung zuzuordnen. Frau Brücker erzählt alltäglich: erst der Erzähler gibt der Geschichte in ihrer schriftlichen Form eine Struktur.

Das Erzählens Frau Brücker wird von einem Bild begleitet und mit diesem charakterisiert: während sie erzählt, strickt Frau Brücker einen Pullover, sie „spinnt Fäden", was sich sowohl auf das Stricken, als auch auf das Erzählen beziehen kann. So gibt es Passagen, in denen „stricken" durch „erzählen" ersetzt werden kann: „*Nee, so einfach war das nicht. Sie nahm das Strickzeug stumm [...]. Sie begann zu stricken. An dem Tag hab ich nur darauf gewartet, wieder nach Hause zu kommen*" (CW, S. 51). Hier setzt das Erzählen simultan mit dem Stricken ein, „*sie beginn zu stricken*" kann auch auf das Stricken der Geschichte bezogen werden. Auch merkt sie auf Seite 97 während des Strickens an: „*Aber jetzt wird es schwierig, mit den Zweigen der Tanne*". Diese Bemerkung ist vordergründig auf das Stricken bezogen, jedoch zu einem Punkt, an dem Lena Brücker zu einem neuen Teil ihrer Geschichte übergeht, der auch als „schwierig" bezeichnet werden kann: die Lüge gegenüber Bremer. Während Lena Brücker erzählt, strickt sie einen Pullover, dessen Motiv mit Vollendung der Geschichte fertig gestellt ist. Auch das Bild, das Frau Brücker strickt, kann als eine Allegorie auf ihr Erzählen verstanden werden, wie Meyer-Minnemann es tut:

> *Eine Landschaft mit zwei braunen Hügeln, dazwischen ein Tal [...], auf dem rechten Hügel die Tanne, dunkelgrün, darüber der Himmel, eine knallgelbe Sonne und daneben, nur erst angedacht, eine kleine weiße Wolke. Klar, der fast fertige Pulloverteil [...] ist die Allegorie des Erzählens von Frau Brücker, sozusagen sein Ergebnis, ein sehr buntes, naives Erzählen, dessen Verzweigungen sich in den Zweigen der Tanne spiegelt.*
> (Meyer Minnemann 2005: 57)

Der Erzähler steht auf der anderen Seite des von Timm entworfenen Kontrasts. Er ist die Instanz, die das Alltagserzählen in Form bringt und so bearbeitet erzählt. Dadurch, dass er, wie oben genannt „*auswählen, begradigen, verknüpfen und kürzen*" muss, erlebt der Leser die Geschichte so, wie er sie präsentiert, nicht als das, was Frau Brücker erzählt hat. In Schmids Ausführungen zur Erzählperspektive wird dieser Vorgang deutlich. So heißt es dort: „*Eine Geschichte konstituiert sich überhaupt erst dadurch, dass das amorphe kontinuierliche Geschehen einer selektierenden und hierarchischen Hinsicht unterworfen wird*" (Schmid 2005: 125). Diese Selektion, also die Auswahl von den zu erzählenden bzw. erzählenswerten

Momenten, wird von einer Perspektive geleitet. Der Erzähler bietet den Rahmen für Frau Brückers Erzählung, er wählt aus und fügt zusammen und bietet somit die Perspektive, aus der der Roman erzählt ist. Dies manifestiert sich in einigen Teilen deutlich, wie im Folgenden gezeigt werden soll.

Zunächst ist anzumerken, dass der Erzähler der Geschichte Frau Brückers einen Rahmen bietet und sie mit Fakten ergänzt:

> *Ich lasse die Geschichte am 29. April 1945, an einem Sonntag, beginnen. Das Wetter in Hamburg: überwiegend stark bewölkt, trocken. Temperaturen zwischen 1,9 und 8,9 Grad. 2.00: Hitlers Trauung mit Eva Braun. (CW, S. 16)*

Er ergänzt historische Fakten, greift jedoch nicht in das Erzählen Frau Brückers ein, auch nicht mit Informationen, die Teile der Geschichte wesentlich verändern könnten. So behält er die Information, dass anstatt Lammers, die Nachbarin Frau Eckleben Berichte an die Gestapo geliefert hat (vgl. CW, S. 118), für sich und informiert nur den Leser, ohne den Erzählverlauf dahingehend zu verändern, obwohl diese Information eine vollkommen neue Interpretation des Geschehens zulässt (vgl. Basker 1999: 94)

Um nun genauer auf die Perspektive zu sprechen zu kommen, soll im Folgenden weiter anhand von ausgewählten Textstellen die Erzählstruktur analysiert werden. Dabei fällt auf, dass in *Die Entdeckung der Currywurst* zwei Ichs, sowie ein Er erzählen. Diese sind das Erzähler-Ich und das Ich Frau Brückers, das Er markiert die Übernahme der Erzählung Frau Brückers durch den Erzähler. Er setzt ihr Ich in ein Er um und markiert so einen weiteren Schritt von der Umwandlung einer Alltagserzählung in eine literarische. So erweitert er den Blickwinkel der Erzählinstanz und gibt Dinge wieder, die Frau Brücker nicht erzählt haben kann, da es sich um Gedanken Bremers handelt oder um Ereignisse, die in Frau Brückers Abwesenheit geschahen:

> *Tatsächlich, sagte er, tatsächlich, es schmeckt wie Krebssuppe. Er sagte ihr nicht, dass er noch vor sechs Wochen Hummer und Krabben in Oslo gegessen hatte [...]. Tatsächlich, dachte er, wenn er versuchte, diesen Geschmack zu vergleichen [...]*
> *(CW, S. 34)*

Diese Szene muss also der Fantasie des Erzählers entspringen, da weder Frau Brücker noch er die Gedanken von Bremer kennen können. Auch die Übergänge von Frau Brückers Perspektive zu der des Erzählers sind fließend um kaum bemerkbar.

> *Sie starrte das Foto an. [...] Er hatte nichts von einem Kind, von einer Frau gesagt.*
> *Ich hab mich gefragt: Warum betrügt man so eine hübsche Frau. [...]*
> *Als er nach einer guten halben Stunde aus dem Klo zurückkam, als er sie umfasste [...]*
> *(CW, S. 84)*

Das vorhergegangene Zitat umfasst drei Absätze, in denen jeweils ein Sprung in der Perspektive zu verzeichnen ist, der jedoch nur durch einen Absatz markiert ist. Frau Brückers Stimme und die des Erzählers verschwimmen also an einigen Stellen, während sie an anderen deutlich voneinander abzugrenzen sind. So ist Frau Brücker eine bestimmte Art zu reden in den Mund gelegt. Wenn sie im direkten Dialog mit dem Erzähler steht, gleichen ihre schriftlich fixierten Antworten sehr dem Gesprochenen: *„Is ne lange Geschichte, sagt sie. Mußte schon n bisschen Zeit haben"* (CW, S. 15). Ihr ist eine bestimmte Art zu sprechen zugeordnet, und so sind Stellen, an denen Lena Brücker direkt erzählt, zu identifizieren. Lena Brücker ist als eine einfache Frau beschrieben, sie ist gebürtige Hamburgerin und in einer Zeit und Gegend aufgewachsen, die stärker von dem Hamburger Dialekt geprägt waren als die des Erzählers. Er ist jünger als sie (war er doch als kleiner Junge Besucher ihrer Imbissbude), Autor (ist also mit dem schriftlichen Erzählen vertraut) und hat somit eine andere Sprache als Frau Brücker. So spricht Frau Brücker von „nix" (CW, 15), und verneint mit „nee" (CW, 19) während die Sprache des Erzählers die schriftliche bleibt. So lassen sich die Übergänge von Ich zu Er erklären – Er innerhalb von Frau Brückers Geschichte ist die Stimme des Erzählers, der Frau Brückers Geschichte „übernimmt". Dieses „Übernehmen" erfolgt ganz offen. So leitet der Erzähler die Geschichte ein:

> *„Das alles erzählte sie stückchenweise, das Ende hinausschiebend, in kühnen Vor- und Rückgriffen, so daß ich hier auswählen, begradigen, verknüpfen und kürzen muss. Ich lasse die Geschichte am 29. April 1945, an einem Sonntag beginnen." (CW, S. 16)*

Nicht nur stellt der Erzähler hier noch einmal klar, dass die Geschichte, so wie sie im Roman vorliegt, seine Version ist, er also hat gekürzt und eine Struktur geschaffen, er sagt außerdem, dass er die Geschichte beginnen „lässt", er also bestimmt den Zeitpunkt, an dem die Geschichte anfängt und hat sie somit in der Hand.

In *Die Entdeckung der Currywurst* zeigt sich also anhand der beiden Erzählinstanzen Frau Brücker und dem Erzähler der Kontrast zwischen alltäglichem und literarischem Erzählen. Der Leser wird Zeuge der Transformation einer alltäglichen Geschichte in eine literarische Form, der Akt des Erzählens hat also eine zentrale Stellung in dem Roman.

2. „Der wunderbare Konjunktiv"

2.1. „Der wunderbare Konjunktiv" – Uwe Timms Definition

„Der wunderbare Konjunktiv" ist ein von Uwe Timm geprägter Begriff, der eine Funktion des Erzählens beschreibt. Timm sagt dazu:

> *Eine Geschichte, die nicht versucht, uns weiszumachen: So ist es gewesen, sondern: So könnte es gewesen sein. Das ist der wunderbare Konjunktiv. Wunderbar, weil er uns die Freiheit gibt, eine andere Wirklichkeit zu schaffen, und weil er das Diktat der Chronologie durchbricht. (EE, S. 122)*

Erzählen bedeutet also, verschiedene Möglichkeiten der Wahrheit darzustellen. Erzählen ist immer die Darstellung einer Wahrnehmungsmöglichkeit. Dieses ist dem Erzählvorgang per se inhärent – eine Erzählung ist immer die Version des Dargestellten durch den Erzähler und es kann andere Sichtweisen geben, die dieselbe Situation anders beschreiben. Man erzählt also, wie Timm es sagt, nicht *nach*, sondern immer *neu*, immer die eigene Version der Wirklichkeit.

Timm unterscheidet zwischen Wahrheit und erzählter Wahrheit und sagt dabei, dass die erzählte Wahrheit, auch wenn sie sich stark von der Wahrheit, also dem zu erzählenden Ereignis, unterscheidet, genauso wahr wirken kann. Das Beispiel, das er hierfür gibt, sind seine nächtlichen Ausflüge auf den Kiez, während er laut seinen Erzählungen den Eltern gegenüber im Briefmarkenverein war. Diese Lüge ist nie aufgeflogen, die erzählte Wahrheit –also der Besuch beim Briefmarkenverein – *wirkt* genauso wahr wie die tatsächliche Wahrheit – der Besuch auf dem Kiez. „*Das Erzählen*", so Timm „*das Schwindeln, hatte für mich [...] etwas Subversiv-Emanzipatorisches, es garantierte mir andere, sonst nicht erreichbare Erfahrungsbereiche"* (EE, S. 74). Im Erzählen kann also eine neue Wirklichkeit entstehen, von Timm als der „*utopische Moment der Literatur"* bezeichnet, also der Moment, der aufzeigen kann, wie es sein könnte, wie es hätte gewesen sein können. Lüge und Wahrheit verschwimmen also, was Wahrheit und was erzählte Wahrheit ist, kann nicht unterschieden werden, da die erzählte Wahrheit ebenso wahr wirkt wie das, was tatsächlich geschehen ist.

Erzählen heißt also, zusammengefasst, immer im Konjunktiv zu sein. Jedes Erzählte ist eine mögliche Wirklichkeit, eine Sichtweise auf die Wirklichkeit und die Abbildung derselben. Im Erzählen kann gleichzeitig eine neue Wirklichkeit erschaffen werden. „Wunderbar" ist laut Timm dieses deshalb, weil es dem Erzählenden Freiheit gibt, etwas zu schaffen und zudem utopische Momente innerhalb des Erzählens aufzeigen kann.

Das hier beschriebene Phänomen des „wunderbaren Konjunktivs" zieht sich durch alle Werke von Uwe Timm. Im Folgenden soll es anhand von *Die Entdeckung der Currywurst* und *Kopfjäger* geschildert werden.

2.2. Lüge und Wahrheit in *Die Entdeckung der Currywurst*

Lüge und Wahrheit spielen in *Die Entdeckung der Currywurst* eine entscheidende Rolle, vor allem im Zusammenhang mit dem Erzählen. Lena Brücker bringt es auf den Punkt: *„Er [Bremer] kann nicht gut lügen, weil er nicht gut erzählen kann. Er kann nur gut verschweigen [...] Ihr Mann konnte lügen, weil er wunderbar erzählen konnte"* (CW, S. 89). Lügen und Erzählen greifen nach Frau Brücker also ineinander: gut erzählen können heißt gut lügen zu können, nicht gut erzählen können wiederum heißt, nicht gut lügen zu können. Lügen ist also immer eine Geschichte, die erzählt wird. Ein schlechter Lügner, so wie Bremer, verschweigt, während ein guter Lügner aus seiner Lüge eine Geschichte macht, sie als Geschichte inszeniert. Dies ist ebenfalls genau das, was Frau Brücker tut.

Frau Brücker kombiniert beides, das Verschweigen und aus einer Lüge eine Geschichte machen. Am Anfang verschweigt sie noch (*„Ich denk, ich hab was verschwiegen, und er hat was verschwiegen [...]"* CW, S. 91), ist dann aber gezwungen, Details anzufügen, um plausibel zu bleiben und so spinnt sie langsam eine Geschichte. Zusammen mit Bremers Fantasie, der ihre Stichworte aufnimmt und sie in den Kontext der Kriegsgeschichte bringt, wird eine neue Kriegsgeschichte entworfen, die zwar so nicht der Realität entspricht, in Bremers Realität aber plausibel ist.

„Geschichte erzählen" meint in diesem Kontext das Erschaffen einer Welt außerhalb der Wohnung, in der Bremer sich versteckt, wobei diese Welt sich zwar auf Fakten aus der realen Welt bezieht, jedoch einen anderen Weg nimmt, nämlich den Fortgang des Krieges, während ,in echt' der Krieg vorbei ist. Sie sagt: *„Sie war draußen in einer ganz anderen Welt herumgelaufen, als der, die sie ihm vorgestellt hatte "* (CW, S. 144). Frau Bremer erschafft also erzählend eine neue Wirklichkeit, die für Bremer wahr wirkt, eben weil diese Wirklichkeit eine Wirklichkeitsmöglichkeit ist.

In *Die Entdeckung der Currywurst* wird gezeigt, wie der „wunderbare Konjunktiv" in einer Erzählung wirkt. Frau Brücker lässt eine neue Wirklichkeit entstehen, wobei das entscheidende ist: *Es hätte so gewesen sein können.*

2.3. Möglichkeiten der Wahrheit in *Kopfjäger*

Wie bereits erwähnt, beschreibt der „wunderbare Konjunktiv" das Phänomen, dass Erzählen Möglichkeiten der Wahrheiten beschreibt. *Kopfjäger* ist ein Roman, der dieses illustriert, da er durchgängig von dem Spannungsverhältnis zwischen Wahrheit und Lüge geprägt ist. Zudem spielen auch in diesem Roman Möglichkeiten eine große Rolle.

2.3.1. Der Erzähler

Kopfjäger[4] ist aus der Perspektive des Protagonisten Peter Walter erzählt, der wegen Betruges mit Warentermingeschäften angeklagt und auf der Flucht ist. Der Roman beginnt mit dem Satz: *„Um es gleich zu sagen: ich werde gesucht"* (KJ, S. 7). Der Erzähler stellt sich also selber als Krimineller vor, weiter heißt es: *„Von Rechts wegen müsste ich in Hamburg sitzen, im Gefängnis"* (KJ, S. 7). Als Leser ist man also mit einem Verurteilten Verbrecher konfrontiert, der auf der Flucht ist. Dies wirft die Frage auf, wie zuverlässig der Erzähler ist. So heißt es bei Petersen zu der besonderen Situation, in der sich der Erzähler befindet: *„Er setzt sich nach*

---

[4] Timm, Uwe: Kopfjäger [1991]. Vom Autor neu durchgesehene Auflage. München: DTV 2006; im Folgenden zitiert unter KJ, alle Seitenangaben im laufenden Text beziehen sich auf diese Ausgabe

Südamerikas ab, und er erzählt seine Lebensgeschichte, und zwar unter Hochdruck" (Petersenn 2005: 123). Der Erzähler ist also auf der Flucht, nicht nur vor der Polizei, sondern auch vor seinem Onkel, der die Lebensgeschichte seines Neffen aufschreiben möchte und vor dem der Erzähler eine irreale Angst hat. Er sagt über seinen Onkel und dessen Schreiben: *„Er saugt den Leuten seine Lebensgeschichte aus"* (KJ, S. 281). Er fürchtet also um seine Lebensgeschichte, auch darum, sie falsch dargestellt zu sehen: *„Wenn der über mich schreibt, dann bin ich ein anderer: lächerlich, skrupellos, geldgierig oder verschlagen"* (KJ, S. 15). Zudem ist der Drang des Erzählers spürbar, sich mit dem Onkel messen zu müssen: *„Seit ich mich erinnern kann, spricht meine Mutter über den Onkel immer so, daß ich mich fragen muß, warum ich nicht der Onkel bin"* (KJ, S. 11).

Ein weiterer Faktor, der die Erzählung Walters beeinflusst, ist seine besondere Situation. Er ist als Betrüger gesucht, das Niederschreiben seiner Lebensgeschichte gibt ihm die Möglichkeit, seine Sichtweise darzustellen, sich „herauszureden" (vgl. Petersenn 2005: 122), sich eben als nicht der *„lächerlich[e], skrupellos[e], geldgierig[e] und verschlagen[e]"* Betrüger zu zeigen, wie es jemand anderes tun könnte. So heißt es bei Vormweg, dass Walter zurückblickt, wobei die *„erzählerische [...] Überlegenheit nicht ohne einen gewissen Rechtfertigungszwang ist"* (Vormweg 1995: 193). Peter Walter, der Protagonist des Romans ist gleichzeitig dessen Erzähler, er wählt, wie schon in 1.2. nach Schmid dargestellt, die Ereignisse aus, die dem Leser präsentiert werden. Es wird also nur die Sichtweise Walters gezeigt, was es schwierig macht, zwischen Wahrheit und erzählter Wahrheit zu unterscheiden. Die Perspektive, aus der *Kopfjäger* erzählt wird, ist die Walters, er konstituiert sich selber deutlich mit dem ersten Satz des Romans als Erzähler und der Erzählvorgang bzw. die Auswahl der Ereignisse ist somit seiner „selektiven und hierarchisierenden Hinsicht unterworfen" (vgl. Schmid 2005:125).

Im Laufe des Erzählens, so Hielscher, *„emanzipiert sich das Objekt des Romans (so wie der Onkel ihn schreiben würde) von seinem Autor und entwirft seine eigene Geschichte"* (Hielscher 2007: 137). *Kopfjäger* ist also die Geschichte des Erzählers, er schildert *sein* Leben uns somit *seine* Sicht der Dinge, oder, um es anders zu sagen: seine Möglichkeit der Wahrheit. *„So könnte es gewesen sein"* beschreibt diese Art des Erzählens treffend. So wie Peter Walter seine Lebensgeschichte schildert, könnte es gewesen sein *Kopfjäger* ist auf diese Ambivalenz angelegt, die Spannung zwischen Walter und dem Onkel und Walters Versuch, seine Lebensgeschichte vor seinem Onkel zu retten, d.h. sie so darzustellen, wie er es möchte.

2.3.2. Die Geschichten

Geschichten spielen in *Kopfjäger* eine wichtige Rolle. Nicht nur steht der Onkel des Erzählers, ein Schriftsteller und somit Geschichtenerzähler, oftmals im Zentrum der Gedanken des Erzählers; auch sind die Geschichten, die er selber erzählt, von zentraler Bedeutung.

Peter Walter zeichnet sich durch ein besonderes Erzähltalent aus, das ihn in allen Berufen, die er ausgeübt hat, geholfen hat. Schon zu Beginn seiner Karriere wird klar, dass es sich auch in Walters Berufsleben um Geschichten dreht. Als Zeitschriftenvertreter bekommt er den Rat von seinem Vorgesetzten: *„Man muss den Stein steinig machen. [...] Gemeint ist der Kern einer Geschichte, sagte Berthold"* (KJ, S. 105). Weiter heißt es bei der Versicherung, für die Walter als nächstes, wieder als Verkäufer, tätig ist: *„Kommt ja nicht drauf an, daß Geschichten wahr sind, sie müssen nur stimmen [...]"* (KJ, S. 137) In beiden Jobs ist Walter als Verkäufer tätig, er muss Menschen davon überzeugen, für das Produkt, das er verkauft, Geld auszugeben. Nichts anderes tut er später als Anlageberater. Mit seinen Geschichten überzeugt Walter die jeweiligen Kunden: *„Man könnte sagen, daß Walter durch Geschichten zu seinem Vermögen gekommen ist. Geschichten nämlich verkaufen sich [...]"* (Horn 1995: 201) Wie Walters Geschichten funktionieren und welche Rolle der „wunderbare Konjunktiv" dabei spielt, soll im Folgenden geklärt werden.

„Jemand [...], dem es gelang, ihn [...] fast eine Stunde mit einer Geschichte von der Arbeit abzuhalten, der verstehe etwas von den geheimen Wünschen der Leute [...]" (KJ, S. 255). Walters Beruf ist es, seine Kunden dazu zu bringen, ihm möglichst viel Geld zu überlassen. Er muss Überzeugungsarbeit leisten und dieses tut er in Form von Geschichten, in denen er auf geheime Wünsche und/oder Ängste der jeweiligen Gesprächspartner eingeht. So spielt er z.B. mit der Angst des „Fischfritzen", pleite zu gehen und mit der Lage seines Hauses. Im Zentrum der Geschichte, die Walter dem

„Fischfritzen" und seiner Frau erzählt, steht ein Haus, das wie ihres an einer Steilküste gelegen ist und eines Tages einstürzt (vgl. KJ, S. 64-66). So bekommt er erst die Aufmerksamkeit des Kunden durch eine Bemerkung über den Wertverfall von Immobilien (KJ, S. 63) und zieht ihn letztendlich mit der Geschichte in seinen Bann.

> *Die Leute nun, mit denen Peter Walter als Finanzberater zu tun hat, haben längst genug Geld, [...] werden aber getrieben von der Gier, mehr bekommen zu können. Und dabei wollen sie doch eigentlich etwas ganz anderes, nämlich mehr und intensiver leben. Gelebtes Leben ist erhältlich in Form erzählter Geschichten, in denen es immer um Sehnsüchte, Wünsche und deren Erfüllung oder Enttäuschung geht.* (Petersenn 2005: 126)

Die Geschichten, die Walter erzählt, sind immer Möglichkeiten der Wahrheit. Sie orientieren sich nah an dem gegebenen, in diesem Fall Wünsche und Ängste der Klienten. Die Geschichte, die dem Fischfritzen erzählt wird, malt etwas aus, das so passieren könnte. Diese Möglichkeit bewegt den Fischfritzen dazu, zu investieren. Denn genau das ist es, worauf das Aktiengeschäft beruht: die Möglichkeit, sein Geld zu vermehren; der wunderbare Konjunktiv also: So könnte es sein. Walter wird nie konkret und verspricht Geld, er verspricht immer nur die Möglichkeit auf Geld. Er bietet den jeweiligen Zuhörern mit seinen Geschichten das, was in dem oben genannten Zitat erwähnt wird, nämlich behandelt er Sehnsüchte und Wünsche und lässt diese in Erfüllung gehen oder zerplatzen, wobei das Ende der Geschichte anbietet: mit dem Anlegen von Geld kann alles besser werden. Dieses Spiel mit Möglichkeiten zieht sich wie ein roter Faden durch den Roman. Das Aktiengeschäft, die Möglichkeit, festgenommen zu werden oder von dem Onkel zu einer Romanfigur gemacht zu werden.

Erzählen hat in *Kopfjäger* eine ambivalente Bedeutung. Zum einen zeigt sich im Erzählen das Offenhalten dieser Möglichkeiten. Wenn Walter versucht, seine Klienten zu überzeugen, ist dies nie eine offensichtliche Täuschung. Er erzählt eine Geschichte, die überzeugt und hält dabei die Möglichkeit offen, Geld zu vermehren, wenn denn investiert wird. Im Gegensatz dazu versucht der Erzähler auf der anderen Seite, mit seinem übergreifendem Erzählen, also dem Erzählen des Gesamtgeschehens als Roman, einer Möglichkeit, nämlich dem Onkel, zuvorzukommen.

Kopfjäger spielt mit Möglichkeiten auf verschiedenen Ebenen, immer thematisiert durchs Erzählen, seien es die Geschichten Walters oder die Angst vor dem ‚Diebstahl' seiner Lebensgeschichte durch den Onkel. Der Roman thematisiert das Phänomen des ‚wunderbaren Konjunktivs' und zeigt, wie sich dieses auswirken kann – Wahrheit und erzählte Wahrheit verschwimmen hier ineinander und sind nicht voneinander zu trennen.

3. Wirkung und Funktion des Erzählens in *Johannisnacht* und *Kopfjäger*

Wie bereits in 1.1. besprochen, fungiert für Timm das Erzählen als *„Ferment des Zusammenlebens"* (EE, S. 107). Erzählen ist notwendig für den Umgang miteinander, miteinander zurechtkommen ist immer auch ‚sich etwas zu erzählen haben'. Timm sagt: *„Im Erzählen äußert sich das Recht des Individuums auf seine Begierden, seine Ängste, Alpträume wie Wunschträume"* (EE, S. 83). Alltägliches und literarisches Erzählen werden zwar voneinander abgegrenzt, doch das alltägliche Erzählen speist das literarische und spielt, wie bereits erwähnt, immer wieder eine Rolle im Werk Timms. Dem Erzählen wird eine bestimmte Macht beigemessen, wie schon in den vorhergehenden Punkten 1. und 2. erklärt. Im folgenden Abschnitt soll geklärt werden, welche Funktion dem Erzählen in den Romane zugestanden wird, inwiefern das Erzählen „Macht" ausüben kann.

3.1. Johannisnacht

In *Johannisnacht*[5] gestaltet sich die Recherche des Erzählers für einen Artikel über die Kartoffel, die ihn durch Berlin führt, als roter Faden und gibt den Rahmen für Erzählungen vieler Charaktere, auf die der Erzähler im Laufe des Romans trifft. Der Roman wird auf zwei Ebenen erzählt. Den Rahmen bildet die Recherche des Erzählers und sein damit verbundener Aufenthalt in Berlin, die sekundäre Ebene (vgl. Schmid) sind die episodenhaften Geschichten der einzelnen Berliner, denen der Erzähler begegnet.

---

[5] Timm, Uwe: Johannisnacht [1998]. Vom Autor neu durchgesehene Ausgabe. München: DTV 2007, Seite 52; im Folgenden zitiert unter JN, alle Seitenangaben im laufenden Text beziehen sich auf diese Ausgabe

Johannisnacht lebt von den erzählten Geschichten, das Erzählen steht in diesem Roman im Vordergrund. Uwe Timm sagt in *Erzählen und kein Ende*, dass Erzählen für ihn etwas „libidinös[es]" ist, etwas lustvolles also: *„Befriedigend ist es, wenn sich die Sprache öffnet, sich über die Wörter assoziativ neue Situationen und Bilder einstellen [...]"* (EE, S. 14). Genau das passiert in *Johannisnacht*, immer wieder ergeben sich aus Situationen Geschichten. Vor allem der Aspekt des Lustvollen wird thematisiert und anhand der Geschichte der ehemaligen Studentin Tina, die Telefonsex betreibt, gezeigt, wie erzählend Lust geweckt werden kann.

Programmatisch sagt Tina bei ihrem ersten Treffen mit dem Erzähler: *„Erzählen ist total erotisch. Bekommen die heimlichen Wünsche etwas Luft unter die Flügel"* (JN, S. 102) In dem nun folgenden Telefongespräch zeigt sich, was als eine Facette des ‚lustvollen Erzählens' gelten kann. Das Gespräch erfolgt per Telefon, es ist also kein Augenkontakt möglich, eine erotische Spannung wird rein über das Gesagte aufgebaut. Hier spielt nicht nur das ‚Was', sondern auch das ‚Wie' eine Rolle. Das Gespräch wird von Hintergrundgeräuschen begleitet, so zum Beispiel das Einschenken eines Weinglases (JN, S. 123) und auch die Stimme und Aussprache Tinas sind wichtig: *„Schade, sagte sie, und der Zischlaut schob sich weich wie eine Zunge um mein Ohr"* (JN, S. 111). Die Assoziation des Erzählers von der Stimme mit einer Zunge lässt darauf schließen, dass bereits eine gewisse erotische Atmosphäre aufgebaut ist. Tina verstärkt dieses, indem sie offen sexuelles Interesse bekundet: *„Ja, du sprichst mit einem Resonanzboden, richtig geil. Schon wie du fragst, wie du antwortest. Der Wahnsinn. Ich dachte mir, das muß ein Mensch sein, der weiß, was er will [...]"* (JN, S. 112). Schnell ist eine Atmosphäre aufgebaut, in der der Erzähler zum passiven Zuhörer wird und verunsichert Tina die Führung des Gesprächs überlässt:

> *Du musst wissen, von deiner Stimme her habe ich dich weit jünger geschätzt.*
> *Ja, sagte ich, das passiert mir manchmal. Idiotischer, dachte ich, kann man nicht antworten.*
> *[...]*
> *Die Frequenz nimmt im Alter ab, aber etwas anderes nimmt zu.*
> *Aber was nimmt dann zu? Frage ich und ärgere mich über diesen gierig lauernden Ton meiner Frage [...]* (JN 113)

Die Geschichte, die Tina erzählt, ergänzt diese Atmosphäre. Sie erzählt von einer Affäre und verwickelt den Erzähler so sehr, dass er die ungeheuren Kosten, die dieses Gespräch bereitet, ignoriert. Er beobachtet zwar den Zähler des Telefons, beendet das Gespräch allerdings nicht, sondern führt es weiter: *„Ich wollte erst widersprechen [...], sah dann aber die Zahlen, die auf 578 vorgerückt waren. Was war passiert, fragte ich nach"* (JN, S. 117).

Tina baut die Spannung ihrer Geschichte langsam auf und bezieht zu Anfang den Erzähler mit ein, indem sie ihm Fragen stellt und persönliches Interesse bekundet. Sie erzählt ihre Geschichte etappenweise, ohne von dem Erzähler unterbrochen zu werden und pausiert dann an spannenden Stellen. Sie schafft es, den Erzähler einzuwickeln, an einer Stelle überlegt er, das Gespräch auf Grund der Kosten abzubrechen, möchte dann aber das Ende hören (vgl. JN, S. 119).

Versprochen ist bei diesem Gespräch eine sexuelle Geschichte – es handelt sich um Telefonsex – doch wie Tina es bereits vorher gesagt hat, sollen ihre Geschichten nicht so sein, wie man es bei einem anderen Telefonsexanbieter erwartet:

> *Nicht so stupid, wie es die meisten machen: So Junge, jetzt wichs dir mal einen. [...] Einfach peinlich, das ist was für akustische Analphabeten. Nein, ich laß Geschichten entstehen, Möglichkeiten, es entsteht was im Kopf [...] Gehört einfach mehr Phantasie dazu. (JN, S. 102)*

Sie erzählt also nicht ‚platt', aber sehr plastisch, so dass nicht nur der Erzähler die enormen Kosten des Gesprächs hinnimmt, sondern gleichsam sich zu einem spontanen Treffen im Schwimmbad verleiten lässt, was er selber am nächsten Tag als „verrückt" (JN, S. 129) beurteilt.

Tina nimmt ihn mit dem Telefongespräch und der damit verbundenen Geschichte vollkommen gefangen. Erzählend gewinnt sie Macht über ihn, er geht ihr, so wie in einer Rezension von Volker Ladenthin beschrieben, in die ‚Falle': *„Telefonsex als zeitgemäße Form der Geschichtenfalle"* (Ladenthin 1997: 167). Es wird für den Erzähler zu einer dringenden Notwendigkeit, die Geschichte Tinas zu Ende zu hören.

Mit der Episode mit Tina wird eine Facette der verschiedenen Funktionen und Auswirkungen des Erzählens gezeigt. Hier fungiert das Erzählen als Träger eines erotischen Moments, nur mit Hilfe der Sprache und Tinas Erzählkunst wird der Erzähler gefesselt.

In *Johannisnacht* zeigt sich das Erzählen nicht nur als ein lustvolles Mittel, in diesem Fall von Tina eingesetzt, um Geld zu verdienen, sondern auch als Mittel der Identitätssicherung, so wie Timm es beschreibt: *„Die eigene Identität wird im Rückblick erzählend beglaubigt, und zwar nicht nur das, was einmal wirklich war, sondern daß man erzählt und gerade das erzählen kann, ist das Wirkliche"* (EE, S. 102).

Johannisnacht spielt in Berlin kurz nach der Wende. Die Grenze ist allerdings in den Köpfen vieler Personen, die der Erzähler trifft, noch präsent, es wird immer noch in Ost und West eingeteilt. Eine große Veränderung wurde vollzogen, die die Menschen in ihrem Identitätsempfinden bedroht, bzw. es durcheinander bringt – so gibt es de facto kein Ost und West mehr, dennoch wird nach wie vor in dieser Kategorie klassifiziert und jetzt, in der Wiedervereinigung, wird der Kontrast erst deutlich. Ein Taxifahrer sagt dazu: *„Nee, seit der Vereinigung gibt's hier einen unglaublichen Aggressionsstau"* (JN, S. 19) und ein anderer: *„Die Stimmung is, jeder soll ma hübsch bei sich bleiben"* (JN, S. 81). In dieser Atmosphäre spielt der Roman und der Erzähler begegnet Menschen, die diese Problematik prägt. Begleitet wird dies von dem Zeitraum, in dem das Buch spielt, nämlich, wie im Titel genannt, am und um den Johannistag herum, also um Mittsommer herum, was von Charakteren des Romans als eine verrückte Zeit betitelt wird (vgl. JN, S. 113).

Monika Shafik sagt dazu: *„By telling stories about their past, the characters construct and validate their identities in the present"* (Shafik 2000:3). Dieses entspricht dem oben genannten Zitat Timms, die Charaktere erzählen also, um sich ihrer Identität zu versichern. Es wird von den persönlichen Folgen der Wende erzählt (vgl. JN, S. 85) oder rein persönliche Geschichten (vgl. JN. S. 150-159), jeder, dem der Erzähler begegnet, erzählt freimütig und ohne zu zögern. Erzählen präsentiert sich in *Johannisnacht* nicht nur als „Ferment des Zusammenlebens", es zeigt sich auch als Ferment des Romans. Die einzelnen Geschichten bilden einen Großteil von *Johannisnacht* und in ihnen zeichnet sich ein Bild der in dem Berlin nach der Wende lebenden Menschen.

Johannisnacht ist zwar vordergründig eine Aneinanderreihung von Anekdoten, die der Erzähler in Berlin erlebt, tatsächlich aber sind es eben diese Geschichten, die den eigentlichen Mittelpunkt des Romans bilden. Erzählen funktioniert hier auf verschiedenen Ebenen, es wirkt lustvoll und stiftet Lust, auf der anderen Seite hat es einen identitätbildenden Charakter.

3.2. *Kopfjäger*

Wie bereits in 2. gezeigt, erzählt der Ich-Erzähler seine Geschichte, um damit seinem Onkel zuvorzukommen, er bemächtigt sich seiner eigenen Geschichte so, um sie davor zu schützen, von einem Anderen dargestellt zu werden. Anhand des Onkels zeigt sich, welche Macht dem Erzählen in *Kopfjäger* zugemessen wird.

Der Onkel geistert wie ein Phantom durch den Roman, nie tritt er selber auf, ist aber immer präsent in den Gedanken des Erzählers. Er fühlt sich verfolgt von ihm und hat Angst, Angst davor, dass der Onkel ihm mit der Darstellung seiner Lebensgeschichte zuvorkommt. Davor ist er auf der Flucht wie vor der Polizei. Der Erzähler und der Onkel stehen in einer Erzählerrivalität zueinander (vgl. Hagestedt 1995:6), beide möchten dieselbe Geschichte erzählen. Die Angst des Erzählers vor dem Onkel erklärt sich aus ihrer gemeinsamen Vergangenheit. Der Erzähler beschreibt den Onkel als jemanden aus einer anderen Welt, der in seine Welt, die „Geschichtenküche" kam, um dort Geschichten zu sammeln:

> *Da saß der Onkel, still, genannt der kleine Prinz, [...] weil er zuhörte, genau zuhörte, saß da, er, der Zeck, und lauschte, aber ich wußte, er saß da, weil er Geschichten sammelte, schon damals, ich habe zugehört, wenn er die Geschichten später weitererzählte und damit glänzte.(KJ, S. 48)*

Zwar ist der Onkel nur zu Gast in der Welt des Erzählers, doch er schöpft aus ihr und er ist der, der durch diese Geschichten Ansehen gewinnt. Jetzt, wo der Onkel hinter seiner eigenen Geschichte her ist, entwickelt der Erzähler Angst um sie, als ginge es um sein Leben. Er sagt: *„In der Sprache werden noch immer die Dinge aufgefressen, niemand weiß das besser als der Onkel."* (KJ, S. 146) Er empfindet den Onkel als Bedrohung, er beschreibt ihn als Zeck, als etwas Blutaussaugendes und spielt darauf in dem letzten Zitat an. Für ihn bedeutet das Schreiben des Onkels offensichtlich das „Auffressen" anderer Leben, an einer anderen Stelle sagt er:

> *Er saugt den Leuten ihre Lebensgeschichte aus.*
> *Man muß die Luken dichthalten! Bücher sind Vampire, sie brauchen das Leben, nicht nur jener, das in ihnen steckt, sondern sie erwachen erst zum Leben, wenn sie gelesen werden,*

darauf lauern sie, [...] haben sie ein Opfer gefunden, schon röten sie sich, leuchten, wenn sie das Leben ihrer Leser trinken, denn es vergeht ja, auch jetzt, jetzt, jetzt, in diesem Scheinleben. Und auch diejenigen, die Bücher schreiben, sind Vampire, saugen allen und jedem das Leben aus, sitzen in ihren Gruften, schreibend, in einem Halbleben. Hin und wieder fliegen sie aus, auf der Suche nach Opfern, nach Nahrung. Wie der Onkel: immer auf der Jagd, aber auch immer ein Gejagter. (KJ, S. 281)

In diesem Zitat zeigt sich die Angst des Erzählers komplett. Für ihn sind sowohl der Akt des Lesens und des Schreibens, also des Aufnehmen von Geschichten und das Erzählen, gleichbedeutend mit dem Verlust von Leben. Das Schreiben und Lesen wird hier als eine Art Zeitvergeudung und da Zeitverstreichen dem Tod näher kommen bedeutet, als ein langsamer Tod beschrieben. Die Lesenden in einem „Scheinleben", die Schreibenden in einem „Halbleben". Dies ergänzt das Bild des Zecks, der von dem Blut anderer lebt, so lebt nach dieser Allegorie der Schreibende von den Geschichten anderer. Im Lesen wiederum dieser Geschichten gibt jeder Lesende Leben ab, indem er Lebenszeit auf das Buch verwendet: *„denn es [das Leben] vergeht ja, auch jetzt"*.

Hielscher beschreibt die Vorgehensweise des Onkels als *„kannibalistischer Zugriff"* (Hielscher 2007: 141) und so sieht es auch der Erzähler (vgl. KJ, S. 146). Sein eigenes Erzählen spiegelt *„kannibalistischer Zugriff"*, das *„aussaugen"*. Während der Onkel Geschichten ‚stiehlt', schöpft der Erzähler zwar aus seinen eigenen Erfahrungen, stielt damit aber etwas anderes, nämlich das Geld seiner Kunden. Er erzählt eigene Geschichten und ‚saugt' somit niemanden ‚aus', er stiehlt keine Geschichten, so wie er es von seinem Onkel befürchtet. Doch mit Hilfe seiner Geschichten saugt er wortwörtlich den jeweiligen Zuhörer aus. Sein Erfolg als Anlageberater erklärt sich aus seinen Geschichten heraus, mit Hilfe dieser Geschichten schafft er es, den Kunden dazu zu bringen, ihm möglichst viel Geld zu überlassen. Ein Kunde äußert sich wie folgt: *„Es gibt Geschichten, die darf man sich gar nicht erst anhören. Hört man zu, ist man schon in die Falle gegangen."* (KJ, S. 227)

Möchte man also die Machtverhältnisse in *Kopfjäger* darstellen, sieht man, dass der Erzähler sowohl als Opfer, als auch als Täter dargestellt wird. Dem Erzählen wird hier die Macht zugeräumt, ‚stehlen' zu können, sowohl materielles wie Geld, als auch ideelles wie eine Lebensgeschichte. Während der Erzähler fürchtet, durch das

Erzählen eines anderen seiner Lebensgeschichte beraubt zu werden, beraubt er mit seinem Erzählen anderen ihres Geldes.

Erzählen wird in *Kopfjäger* als ein machtvolles Instrument inszeniert, einzelne Geschichten überzeugen verschiedene Menschen, ihr Geld an den Erzähler loszuwerden, dessen Lebensgeschichte zeigt er als etwas, das gestohlen werden kann und beschützt werden muss. Erzählen ist somit nicht durchgehend positiv konnotiert, was vor allem durch das Bild der Schriftsteller als lebenaussaugende Vampire unterstrichen wird, doch zeigt sich in diesen Bildern, wie auch in der Gegenüberstellung mit Kannibalismus, doch die Macht, die *Kopfjäger* dem Erzählen, sowohl von der Seite des Erzählers, als auch des Lesers oder Zuhörers, zuschreibt.

4. Selbstreferenz und Thematisierung des Erzählens

Das Erzählen selber, so wie der Erzählvorgang der einzelnen Romane wird immer wieder thematisiert und reflektiert. In zwei der drei Romane sind die Erzähler jeweils Schriftsteller, in einem spielt ein Schriftsteller eine bedeutende Rolle.

Wie sich dies im Einzelnen zeigt, soll im Folgenden anhand von *Johannisnacht* und *Die Entdeckung der Currywurst* gezeigt werden.

4.1. Johannisnacht

Johannisnacht ist insofern ein durchgehend selbstreferentieller Roman, da der Erzähler Autor ist und seinen eigenen Schreibvorgang reflektiert. Er erzählt die Geschichte *Johannisnacht* rückblickend explizit als eine Geschichte: *„Die Geschichte beginnt genauso genommen damit, daß ich keinen Anfang finden konnte"* (JN, S. 7). Weiter beschreibt er, dass er einen Roman schreiben wollte, für den er keinen Anfang fand und letztendlich durch den Umweg über den Auftrag, einen Artikel über die Kartoffel zu schreiben, nun die folgende Geschichte aufschreibt, sie also praktisch an Stelle des Romans setzt, für den er keinen Anfang finden konnte. Der Leser findet sich also mit der Situation konfrontiert, in dem Erzähler nicht nur eine in die Handlung involvierte Person zu finden, sondern gleichzeitig die Person, die rückblickend diese Handlung als Geschichte erzählt. Im Roman passiert also das, was das Ausgangsproblem des Erzählers ist: er findet eine Geschichte und für diese sowohl einen Anfang als auch ein Ende. Somit ist *Johannisnacht* gleichzeitig eine eigene Geschichte, als auch eine Geschichte über eine Geschichte (vgl. Shafik 2002: 2) Denn der Erzähler geht nach Berlin, um seine Schreibblockade zu überwinden, und erlebt dort eine Geschichte, aus der er dann eine Erzählung macht.

Im Laufe des Romans wird dieses an einigen Stellen thematisiert. So sagt Tina an einer Stelle: „Kartoffeln und Sex, das finden Sie nur bei Grass" (JN, S. 105) – womit dieses Zitat hinfällig wird, denn wo es vorher Kartoffeln und Sex nur bei Grass gab, gibt es sie jetzt bei Grass und Timm (vgl. Neuhaus 2000: 162). Auch Tinas *„Erzählen ist total erotisch"* (JN, S. 102) entbehrt nicht einer Referenz auf den Text selber, benutzt sie doch Erzählen für erotische Zwecke und hält mit diesem erotischen Erzählen den Ich-Erzähler für 600 Mark am Telefon, wie in 3.1.1. beschrieben.

Zudem wird mehrmals im Roman auf die Konstruktion desselben verwiesen. *Johannisnacht* ist, wie bereits oben erwähnt, auf zwei Ebenen erzählt – die Rahmengeschichte des Erzählers, der in Berlin für seinen Artikel recherchiert und auf sekundärer Ebene die Geschichten, die ihm erzählt werden. Die Rahmengeschichte fungiert hier als roter Faden, die Recherche über die Kartoffel weist dem Autor den Weg nach Berlin, im Laufe dieser Recherche verwickelt er sich allerdings immer mehr in die Geschichten. So lässt er sich von Tinas Geschichte hinreißen, und sich an anderer Stelle von einem Friseur mit einer Geschichte ablenken, während dieser ihm die Haare verschneidet, was wiederum zu einem weiteren Friseurbesuch mit einer weiteren Geschichte führt. Die Geschichten greifen also teilweise ineinander. An einer Stelle des Romans heißt es: *„Gute Geschichten sind wie Labyrinthe"* (JN, S. 197), und dies ist wieder eine Referenz auf den Roman selber, der mit seinen Verweisen und Geschichten selber so ein Labyrinth ist: *„His novel Johannisnacht constitutes a post-modern game with literary quotations, cross references and meanings [...]"* (Neuhaus 2000: 159).

Auch die Schlussszene des Romans verweist auf dieses ‚Labyrinth':

> *Die Geschichte beginnt genau genommen damit, daß ich keinen Anfang finden konnte. [...]*
> *Ich atmete tief ein, einmal, zweimal, nahm dann noch einen kräftigen Zug aus der Zigarre*
> *und hauchte den ersten Kringel aus, langsam und ruhig, gar nicht einmal mit der Absicht,*

drei zu hauchen, klein, rund und kompakt flog er los, drehte sich ganz langsam zu einem größeren Kranz auf, schon hatte ich den zweiten kleineren Kringel hinterhergeschickt [...] und hatte tatsächlich noch Luft für einen dritten [...] und mit dem Wissen, daß mir in diesem Augenblick etwas gelang, was mir wahrscheinlich nie wieder gelingen würde, denn während der kleine Kringel mühelos den mittleren Kringel erreicht hatte, ihn in dem Moment durchflog, als der sich durch den großen schob, entfernte sich der kleine, dann der mittlere und als letztes der große, langsam und schon leicht zerfasert [...] so flogen sie ins Halbdunkle, wo sie sich langsam auflösten – als feiner blauer Dunst. (JN, S. 245)

Das Bild der Rauchkringel, ausgestoßen von dem Erzähler, kann als eine Allegorie auf das Erzählen in *Johannisnacht* verstanden werden. *Johannisnacht* besteht aus mehreren Geschichten, die durch Verweise untereinander und mit der Rahmenhandlung verwebt sind, entsprechend dem Bild der ineinander fliegenden Rauchkringel, die von dem Erzähler, also dem fiktiven Autor des vorliegendes Buches, produziert werden. Wie er Rauchkringel produziert, kann als ein Hinweis auf das Produzieren von Geschichten sein. Denn wie auch die Rauchkringel, endet *Johannisnacht* ‚leise‘, es klingt mit dem beschriebenen Bild aus, ein furioses Ende bleibt aus, stattdessen endet der Roman mit der Einsicht des Erzählers, um was sich es sich bei dem Begriff „Roter Baum" handelt und einer Zugfahrt zurück nach Hause. Das bereits oben erwähnte „Labyrinth" zeigt sich in dem Bild der Rauchkringel.

In *Erzählen und kein Ende* nennt Timm als ein Kriterium, das literarisches von alltäglichem Erzählen unterscheidet, die Faktoren Anfang und Ende, die aufeinander verweisen und somit sinngebend sind (vgl. EE, S. 18). Anfang und Ende von *Johannisnacht* zeigen einen Schriftsteller, der am Anfang versucht, einen Roman zu schreiben und am Ende durch den Versuch, seine Schreibblockade zu überwinden, an eine Geschichte kommt. *Johannisnacht* ist also ein Roman über seine eigene Entstehung.

4.2. Die Entdeckung der Currywurst

Wie auch in *Johannisnacht* finden wir in *Die Entdeckung der Currywurst* einen Erzähler, der gleichzeitig Schriftsteller ist und die Geschichte aufschreibt, die uns vorliegt. Ein erster Moment von Selbstreferenz ist also bereits gegeben, wie auch in *Johannisnacht* wird in *Die Entdeckung der Currywurst* der Entstehungsprozess der erzählten Geschichte thematisiert. Dies ergibt sich bereits aus der Figurenkonstellation, wie bereits in 1.2. beschrieben.

Besonders hervorzuheben ist dabei das Kreuzworträtsel, das Bremer löst, da es nicht nur Referenzen auf den Roman selber, sondern auch auf den Roman im Kontext der Literaturgeschichte und anderen Werken enthält. Dabei sind auf drei Lösungswörter einzugehen. Zunächst soll auf das Lösungswort *Homer*, sowie auf die Frage nach *„Griechische Zauberin. Fünf Buchstaben. Erster Buchstabe ein K"* (CW, S. 140). eingegangen werden. Die Lösungswörter des Kreuzworträtsels, das der Erzähler am Ende des Romans findet, ergeben den Namen „Kirke", eben die Zauberin, nach der in der oben genannten Frage gesucht wird. So heißt es bei Steinecke:

> *Kirke. Sie war es, die Odysseus zum Bleiben bewegte und damit an der Heimkehr hinderte – wie, in leichter Verkehrung der Rollen, die listige Lena Brücker den eher tumben Bremer und, Jahrzehnte später noch einmal, den Ich-Erzähler, der sich ihr allerdings nach den märchenhaft sieben Tagen (in der Odyssee war es noch ein ebenso symbolisches Jahr) der Verzauberung durch eine List und Lüge entziehen und zu seiner Familie zurückkehren konnte.* (Steinecke 1995: 230)

Das Kreuzworträtsel verweist hier also nicht nur auf das Romangeschehen selber, sondern auch auf ein anderes literarisches Werk, die Odyssee von Homer, der ebenfalls eines der Lösungswörter ist.

Ein weiteres Lösungswort des Kreuzworträtsels ist, so der Erzähler *„auch wenn es mir niemand glauben wird – Novelle"* (CW, S. 187). Dies spielt auf die Form des Romans an sich an und unterstreicht gleichzeitig die Rolle des Erzählers als Autor. Er sagt „auch wenn es mir niemand glauben wird", d.h. er hält es für unwahrscheinlich, dass ihm jemand den Zufall, dass gerade der Begriff ‚Novelle' in dem Kreuzworträtsel auftaucht, glaubt. Dass er einen Zusammenhang sieht zwischen ‚Novelle' und der Geschichte, die er erzählt, zeigt den Erzähler als die Person, die dem Roman den Titel *Die Entdeckung der Currywurst. Novelle* gegeben hat, also als den Autor der Geschichte.

Fazit

Um die Arbeit abzuschließen, soll nun ein Fazit aus dem bereits genannten gezogen werden und so die Bedeutung und Funktion des Motivs des Erzählens in Bezug auf die drei ausgewählten Romane zu klären.

Wie die Analyse gezeigt hat, ist das Erzählen ein zentrales Motiv und spielt eine wichtige Rolle für die jeweiligen Romane.

Die Thematisierung des Erzählens in einem literarischen Werk kann viele Bedeutungen haben. So wie in der berühmten Geschichtensammlung „1001 Nacht" verzweifelt gegen die Zeit und den Tod erzählt wird, rangieren in den Werken Timms die Bedeutungen des Erzählens von ähnlich bedeutenden Funktionen bis hin zu der reinen Lust am Erzählen.

In *Die Entdeckung der Currywurst* aus Liebe und dem Wunsch Frau Brückers, Bremer bei sich zu behalten, wie auch aus Einsamkeit und dem Wunsch, die eigene Geschichte zu erzählen, sich also erzählend seiner Identität zu versichern (vgl. EE, S. 102). Aus diesem Grund erzählen die vielen Charaktere in *Johannisnacht*, die in einer Phase des Umbruchs stecken und sich mit ihren Geschichten immer wieder sich selber versichern. Auch wird in *Johannisnacht* aus Lust erzählt, sowohl aus Lust am Erzählen selber, was sich in dem spielerischen des Werkes und der ständigen Selbstthematisierung und Thematisierung des Schreibens zeigt, sowie aus einer sexuellen Lust, die sich an hand der Figur Tina zeigt und sich in ihrer Geschichte spiegelt. In *Kopfjäger* wiederum wird sowohl zur Sicherung der Identität erzählt, als auch aus rein materiellen Gründen, nämlich dem Gewinnen von Geld durch Überzeugen der potentiellen Anleger.

In allen drei Werken sind die Erzähler Schriftsteller oder, im Fall von Peter Walter in *Kopfjäger* zwar nicht Schriftsteller von Beruf, aber Autor der eigenen Lebensgeschichte. Somit ist der Erzählvorgang durch die Darstellung des Erzählers ständig im Vordergrund, in *Die Entdeckung der Currywurst* der Prozess der Transformation von Frau Brückers Geschichte in ein literarisches Werk, in *Johannisnacht* der Prozess der Geschichtsfindung und in *Kopfjäger* die Entstehung einer Autobiographie.

Wie das alltägliche Erzählen laut Timm das Zusammenleben prägt und Zusammenhalt schafft, bedeutet da Erzählen in den drei Werken den Zusammenhalt des jeweiligen Romans. Die Handlung setzt wird jeweils durch die Thematisierung des Erzählens der Protagonisten vorangetrieben. In allen drei Romanen wird dem

Erzählen eine große Macht zugesprochen, es beeinflusst Menschen und deren Handlungen. Erzählen bietet laut Uwe Timm die Möglichkeit, andere Wirklichkeiten zu erschaffen und es werden nicht nur diese Wirklichkeiten erschaffen sondern ihre Entstehung auch immer wieder thematisiert. Zudem wird das Erzählen an sich und in seiner Funktion beleuchtet. In *Erzählen und kein Ende* legt Uwe Timm seine Poetik dar, das was er unter Erzählen versteht und wie er die Funktion des Erzählens sieht. Anhand von zwei beispielhaften und bedeutenden Punkten, die Unterscheidung von literarischem und alltäglichen Erzählen und des wunderbaren Konjunktivs, wurde gezeigt, wie sich diese Poetik in Timms Werk niederschlägt, also praktisch umgesetzt ist. In *Die Entdeckung der Currywurst* sind deutlich die Überlegungen zum Punkt der Alltags- und literarischen Erzählungen zu erkennen, so wie zum Beispiel der des wunderbaren Konjunktivs in *Kopfjäger*. Timms Werk greift also Themen seiner Poetik auf und integriert diese in den Fortgang der Handlung.

Uwe Timms Werke sind also unter anderem Romane über das Erzählen. In allen drei untersuchten Werken kann die Handlung nicht ohne die Thematisierung des Erzählens funktionieren, das Erzählen ist die treibende Macht hinter der Handlung, sei es die andauernde Geschichte Frau Brückers, die Bremer bei ihr hält oder die andauernde Angst Peter Walters, jemand anderes könne seine Lebensgeschichte erzählen, die ihn wiederum zum Erzählen zwingt. Alle drei ausgewählten Romane beleuchten verschiedene Aspekte des Erzählens und bewegen sich inmitten der Ambivalenz des alltäglichen Erzählens als Notwendigkeit und des literarischen Erzählens als „schöner Überfluss": der Roman an sich ist eine literarische Erzählung, somit also Teil des „schönen Überfluss", Literatur, die niemand gezwungen ist zu lesen. Auf der anderen Seite zeigen die Romane die zwingende Notwendigkeit des Erzählens im Alltag auf und thematisieren diese. So ist in Timms literarischem Werk das festgehalten, das er im alltäglichen Erzählen sieht. Uwe Timm bezeichnet das Erzählen als „Ferment des Zusammenlebens" (EE, S. 107) und als solches fungiert es auch in seinen Werken.

Literaturverzeichnis

Verzeichnis von Siglen

EE: Timm, Uwe: Erzählen und kein Ende. Köln: Kiepenheuer und Witsch, 1993
CW: Timm, Uwe: Die Entdeckung der Currywurst[1995]. Vom Autor neu
durchgesehene Ausgabe. München: Deutscher Taschenbuchverlag 2007
KJ: Timm, Uwe: Kopfjäger[1991]. Vom Autor neu durchgesehene Auflage.
München: DTV 2006
JN: Timm, Uwe: Johannisnacht[1998]. Vom Autor neu durchgesehene Ausgabe.
München: DTV 2007

Primärliteratur

Timm, Uwe: Die Entdeckung der Currywurst [1995]. Vom Autor neu durchgesehene
Ausgabe. München: Deutscher Taschenbuchverlag 2007

Timm, Uwe: Kopfjäger [1991]. Vom Autor neu durchgesehene Auflage. München:
DTV 2006

Timm, Uwe: Johannisnacht [1998]. Vom Autor neu durchgesehene Ausgabe.
München:
DTV 2007

Sekundärliteratur

Basker 1999
Basker, David: Die Wandlung des Alltags in Bedeutung. Social History and 'die
Ästhetik des Alltags' In: Basker, David: Uwe Timm. Cardiff: University of
Wales Press 1999, S. 100 – 109

Durzak 1995
Durzak, Manfred: Ein Autor der mittleren Generation. In: Durzak, Manfred/
Steinecke,
Hartmut (Hg): Die Archäologie der Wünsche. Studien zum Werk von Uwe
Timm. Köln 1995, Kiepenheuer & Witsch, S. 13-25

Galli 2006
Galli, Matteo: Vom Denkmal zum Mahnmal: Kommunikatives Gedächtnis bei Uwe
Timm. In: Finlay, Frank/ Cornils, Ingo (Hg): (Un-)Erfüllte Wirklichkeit:
Neue Studien zu Uwe Timms Werk. Würzburg 2006: Königshausen &
Neumann, S. 162-173

Hagestedt 1995
Hagestedt, Lutz: Von essenden Sängern und singenden Ochsen. Sprechsituationen
bei Uwe Timm. In: Durzak, Manfred/ Steinecke, Hartmut (Hg): Die
Archäologie der Wünsche. Studien zum Werk von Uwe Timm. Köln 1995,
Kiepenheuer & Witsch, S. 245-265

Hielscher 2007
Hielscher, Martin: Uwe Timm. München 2007, Deutscher Taschenbuchverlag

Horn 1995
Horn, Anette/ Horn, Peter: Poesie heißt nämlich nichts anderes als die Schöpfung
    durch Verlust. Die chaotische Zirkulation der Zeichen in Uwe Timms Roman
    Kopfjäger. Bericht aus dem Inneren des Landes. In: Durzak, Manfred/
    Steinecke, Hartmut (Hg): Die Archäologie der Wünsche. Studien zum Werk
    von Uwe Timm. Köln 1995, Kiepenheuer & Witsch, S. 199-215

Ladenthin 1997
Ladenthin, Volker: Würfelspiel oder Sommernachtstraum? In: Neue Deutsche
    Literatur. Zeitschrift für deutschsprachige Literatur 45/2 (1997), S. 165-169

Meyer-Minnemann 2005
Meyer-Minnemann, Klaus: Die Anatomie des Erzählens und das Eintauchen in die
    Erinnerung. Lesen in *Die Entdeckung der Currywurst*. In: Malchow, Helge
    (Hg): Der Schöne Überfluss. Texte zum Leben und Werk von Uwe Timm.
    Köln 1995, Kiepenheuer & Witsch, S. 50-64

Neuhaus 2000
Neuhaus, Stefan: Erzählen ist total erotisch. Literature, Pleasure and Desire in
    Novels by Thomas Brussig, Uwe Timm and Ulrich Woelk. In: Williams,
    Arthur/ Parkes, Stuart/ Preece, Julian (Hg): German-Language Literature
    Today: International and Popular? Oxford, England: Peter Lang; 2000, S.
    159- 164

Petersenn 2005
Petersenn, Olaf: Ein Schelm in der modernen Wirtschaftswelt. Uwe Timms
    Kopfjäger. In: Malchow, Helge (Hg): Der Schöne Überfluss. Texte zum
    Leben und Werk von Uwe Timm. Köln 2005, Kiepenheuer & Witsch, S. 252-
    267

Schmid 2005
Schmid, Wolf: Elemente der Narratologie [2005]. Berlin: De Gruyter [2]2008

Shafik 2002
Shafik, Monika: To Look at Things Differently: Lessons from Uwe Timm's Novel
    Johannisnacht, unter: http://www.dickinson.edu/glossen/heft15/shafi.html
    [gesehen: 19.6. 2008]

Steinecke 1995
Steinecke, Hartmut: Die Entdeckung der Currywurst oder die Madeleine der
    Alltagsästhetik. In: Durzak, Manfred/ Steinecke, Hartmut (Hg): Die
    Archäologie der Wünsche. Studien zum Werk von Uwe Timm. Köln 1995,
    Kiepenheuer & Witsch, S. 217-230

Steinecke 2005
Steinecke, Hartmut. Das Ende der Geschichte. Zu Uwe Timms Erzählschlüssen. In:
   Malchow, Helge (Hg): Der Schöne Überfluss. Texte zum Leben und Werk
   von Uwe Timm. Köln 2005, Kiepenheuer & Witsch, S. 252-267

Timm, Uwe: Erzählen und kein Ende. Köln: Kiepenheuer und Witsch, 1993

Vormweg 1995
Vormweg, Heinrich: Ein Laptop als Blechtrommel. Uwe Timms Bericht aus dem
   Inneren des Landes. In: Durzak, Manfred/ Steinecke, Hartmut (Hg): Die
   Archäologie der Wünsche. Studien zum Werk von Uwe Timm. Köln 1995,
   Kiepenheuer & Witsch, S. 189-198

CPSIA information can be obtained at www.ICGtesting.com
Printed in the USA
BVOW01s1421050514

352616BV00003B/173/P